ÍNDICE

INTRODUCCIÓN.

Como estudiante de Informática, me ha parecido siempre deprimente mostrar los resultados de mis programas en la consola del sistema. Por otro lado, conseguir una interfaz atractiva, lleva mucho tiempo de estudio y pruebas. Demasiado derroche para algo que ni siquiera se te exige en el aula. Este manual se presenta como la solución a todos esos problemas. Pretende ser una guía rápida para construir una interfaz gráfica a medida sin tener que realizar grandes esfuerzos de búsqueda de información o ensayos para que el lector vaya directamente a lo que quiere o necesita con las líneas de código justas y suficientes.

No se trata de un manual voluminoso y exhaustivo sobre Java, porque para eso ya tenemos la API en Internet que cualquiera puede leer o cientos de libros específicos sobre este lenguaje. La idea es facilitarle la vida a esas personas que deseen dar un aspecto más profesional a sus programas o que quieran un primer contacto con el entorno gráfico Swing de Java.

A QUIEN VA DIRIGIDO ESTE LIBRO.

Este manual está pensado para programadores noveles en Java o programadores profesionales en otros lenguajes que quieran probar Swing con poco o ningún esfuerzo. Se suponen unos mínimos conocimientos en Java y en programación orientada a objetos. También que se dispone de un entorno de programación Java (Netbeans, Eclipse, etc), que se sabe manejar básicamente, instalado en el ordenador. Y, por supuesto, mucha curiosidad y ganas de aprender.

CÓMO USAR ESTE MANUAL.

Este manual es un libro práctico, por tanto, lo interesante es leerlo mientras se escribe y se compila el código que enseña. El primer apartado de cada capítulo será siempre la imagen de lo que se verá en la pantalla y a continuación el código fuente. En el resto del capítulo se hará una explicación detallada centrándonos en aquellos conceptos más importantes.

Sin embargo, podría quedarse algo justo para algunos lectores, ya que no es un voluminoso compendio de Swing, tal y como se ha dicho en la Introducción, y en ocasiones el lector quizás se quede con ganas de profundizar en ciertas funcionalidades. Precisamente para eso está la API en Internet y yo animo a que se use y se amplíen los conocimientos todo lo que se desee a medida que se va avanzando en el manual. A fecha de la edición de este libro, Java va por su versión número 11 en el siguiente enlace:

https://docs.oracle.com/en/java/javase/11/docs/api/index.html

Aunque quizás sea más didáctico y atractivo el aspecto de su edición estándar 7, que creo que ayudará más al lector:

https://docs.oracle.com/javase/7/docs/api/

Bastará con poner en el buscador de tu elección las palabras clave "java" y "api" para obtener el enlace a la versión más reciente.

Todos los programas han sido escritos y comprobados por el autor en 'Apache Netbeans IDE 15' bajo Windows 11.

Capítulo 1

VENTANA AL MUNDO.

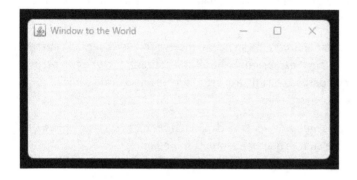

```
package window;

import javax.swing.JFrame;

public class Window {

        public static void main(String[ ] args) {

        JFrame window = new JFrame("Window to the World");
        window.setVisible(true);

        window.setDefaultCloseOperation(JFrame.EXIT_ON_CLOSE);
        }

}
```

1.1 La clase JFrame.

Nuestro programa ha necesitado 4 líneas de código para poder representar una ventana, descontando las mínimas propias para cualquier programa Java. No es, desde luego, un número excesivo aunque quizás debería poderse hacer con menos ya que al fin y al cabo no deja de ser una triste ventana. Puede que futuros lenguajes de programación ayuden más en este aspecto.

Al ejecutar el programa se habrá observado que la ventana aparece reducida en su mínima expresión. Es necesario estirarla con el ratón para verla tal y como aparece en la figura. Estudiaremos más tarde como solucionar este comportamiento.

Para conseguir una ventana o marco (frame), se crea un objeto de la clase JFrame, la cual es necesario importar mediante:

```
import javax.swing.JFrame;
```

En la API, puede verse toda la información sobre esta clase. La instancia se crea mediante uno de los cuatro constructores de los que dispone JFrame, concretamente el que asigna un título a la ventana.

```
JFrame window = new JFrame("Window to the World");
```

Pero por defecto no se muestran las ventanas y es necesario que se lo digamos explícitamente con:

```
window.setVisible(true);
```

La última línea de código le dice al programa lo que tiene que hacer cuando se cierre la ventana. Al ejecutarlo sin la instrucción:

```
window.setDefaultCloseOperation(JFrame.EXIT_ON_CLOSE);
```

podremos comprobar que sigue activo en segundo plano y esto no es bueno porque estamos consumiendo recursos innecesarios a no ser que tengamos más de una ventana y entonces quizás fuese más adecuada la constante:

para que el programa continue. No son más que constantes, es decir, un 'integer' que vale '3' en el primer caso y '2' en este último. Están definidas en la clase 'javax.swing.WindowConstants' de la API.

Otro método interesante que comentar podría ser el siguiente:

`window.setBounds(int x, int y, int width, int height)`

Es heredado de 'java.awt.Window' Indica la posición en píxeles donde se colocará la ventana en la pantalla y su tamaño. El origen de coordenadas se sitúa en la esquina superior izquierda de la pantalla. El tamaño de la ventana vendrá determinado por los dos últimos valores. Si escribimos:

`window.setBounds(50,50,500,300);`

se dibujará una ventana cuya esquina superior izquierda estará situada a 50 píxeles a la derecha y 50 píxeles hacia debajo de la esquina superior izquierda de la pantalla. Además esta ventana tendrá una anchura de 500 píxeles y una altura de 300.

Para personalizar la ventana podríamos cambiar su icono. Para ello empleamos el método 'setIconImage(Image)' que precisa un objeto del tipo 'Image' y que nosotros cargaremos con la imagen de nuestra propia cosecha, en este caso "reloj.png". Aquí es preciso aclarar que el compilador buscará el archivo de imagen tomando como raíz la carpeta de nuestro proyecto, es decir, si el archivo está en la carpeta iconos, dentro de la carpeta src, la ruta a indicar será "src/iconos/reloj.png" sin olvidarnos de poner las comillas. En nuestro caso lo hemos dejado en la propia carpeta del proyecto, así que la sentencia sería:

`window.setIconImage(new ImageIcon("reloj.png").getImage());`

1.2 Ejercicios.

1. Crea un programa que abra dos ventanas, una principal que si se cierra terminará el programa y una secundaria que al cerrarse dejará el programa y la ventana principal en funcionamiento.

Capítulo 2

AÑADIENDO TEXTO.

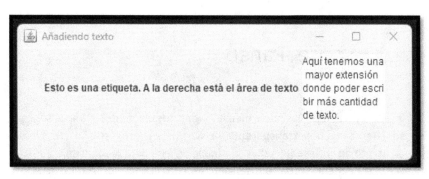

```
package anyadiendotexto;
import javax.swing.JFrame;
import javax.swing.JLabel;
import javax.swing.JPanel;
import javax.swing.JTextArea;
public class AnyadiendoTexto {
        public static void main(String[ ] args) {
        Marco window = new Marco();
        window.setVisible(true);
        }
}

class Marco extends JFrame{
        public Marco(){
                setTitle("Añadiendo texto");
                setBounds(50,50,500,200);
                setDefaultCloseOperation(JFrame.EXIT_ON_CLOSE);
                cristal = new JPanel();
                etiqueta = new JLabel("Esta es mi etiqueta. A mi derecha está el área de texto");
                texto = new JTextArea("Aquí tenemos una mayor extensión" +
                                "donde poder escribir más cantidad de texto.");
                texto.setLineWrap(true);
                cristal.add(etiqueta);
```

```
            cristal.add(texto);
            add(cristal);
    }
    JPanel cristal;
    JLabel etiqueta;
    JTextArea texto;
}
```

2.1 La clase JPanel.

Para hacer las cosas bien en Swing, los elementos gráficos se adhieren a una hoja **transparente** invisible para el programador. Esta hoja es un objeto de la clase JPanel. A continuación esta hoja se incrusta en la ventana ocupando toda su extensión, excepto el borde que contiene el título y los botones. Pero ésta es la norma básica. Veremos en posteriores capítulos como mediante las disposiciones (Layouts) se pueden ir añadiendo diferentes hojas en zonas concretas de la ventana y cada una de ellas con sus elementos gráficos particulares. Se pueden complicar estas construcciones tanto como se necesite.

Regresando al código, hemos implementado esta vez la ventana, que hemos llamado 'marco', en clase aparte porque está cogiendo mayor tamaño y así verás también otra posibilidad. Para que funcione debe heredar de JFrame. Tanto la configuración de la ventana como la inicialización de los elementos gráficos debe realizarse en el constructor de nuestra clase Marco. Fijémonos ahora que los elementos gráficos se han definido **fuera** del constructor. El motivo es evitar que queden ocultos y que puedan ser usados por el resto de métodos de la clase, aunque en nuestro simple programa no lo vayamos a hacer.

Hemos llamado 'cristal' a nuestra hoja y la forma de incrustarla en la ventana es mediante el método 'add()':

```
add(cristal);
```

ya que estamos en el constructor de la propia ventana. Sin embargo, debemos de especificar donde añadir los elementos de texto porque no van directos a la ventana:

```
cristal.add(etiqueta);

cristal.add(texto);
```

2.2 La clase JLabel.

El elemento más simple de texto es una instancia de la clase 'JLabel'. No permite la introducción de texto por el usuario pero es posible cambiar el texto internamente mediante su método 'setText()'

```
etiqueta.setText("Ahora éste es mi mensaje");
```

Si profundizamos en la API veremos que se le puede añadir un icono y alineación vertical y horizontal tanto del propio objeto como del texto que contiene.

2.3 La clase JTextArea.

Para un volumen de texto mayor se puede emplear esta clase. El comportamiento por defecto, si vamos escribiendo, es que el texto permanece en una única línea sin hacer salto de línea. Esto se corrige empleando la sentencia:

```
texto.setLineWrap(true);
```

Ahora nuestro inconveniente será, que aunque hace salto de línea, el texto se propaga hacia debajo indefinidamente. Una forma elegante de solucionarlo es agregando este componente a una hoja JScrollPane y ésta, a su vez a nuestra hoja 'cristal'. Quedaría así:

```
JScrollPane hoja = new JScrollPane(texto);

cristal.add(hoja);
```

2.4 Ejercicios.

1. Crea un programa que tenga un objeto JTextArea con scroll vertical y horizontal, permitiendo de esta forma ver cualquier parte del texto introducido.

Capítulo 3

ACTIVANDO LOS BOTONES.

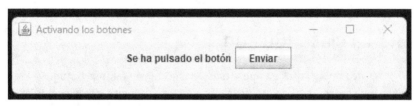

```
package eventoconboton3;
import java.awt.event.*;
import javax.swing.*;

public class EventoConBoton3 {
        public static void main(String[] args) {
                Window ventana = new Window();
        }

}

class Window extends JFrame{
        public Window(){
                setTitle("Activando los botones");
                setBounds(100,100,500,100);
                setDefaultCloseOperation(JFrame.EXIT_ON_CLOSE);

                boton = new JButton("Enviar");
                 //Añadiendo oyente
                 Oyente actuador = new Oyente();
                boton.addActionListener(actuador);
                etiqueta = new JLabel("A la espera");
                cristal = new JPanel();
                cristal.add(etiqueta);
                 cristal.add(boton);
                add(cristal);
                setVisible(true);
        }
  // Clase Oyente
  class Oyente implements ActionListener{
```

13

```
        @Override
        public void actionPerformed(ActionEvent e) {
                //Esta es la acción
                etiqueta.setText("Se ha pulsado el botón");
        }
    }
    private JLabel etiqueta;
    private JPanel cristal;
    private JButton boton;
}
```

3.1 La clase JButton.

No podia faltar en nuestro arsenal gráfico el famoso botón. Se construye creando un objeto de la clase correspondiente como cualquier otro elemento gráfico. Nosotros hemos usado el constructor con nombre de la API.

```
JButton boton = new JButton("Enviar");
```

También se añade a la hoja como cualquier otro elemento:

```
cristal.add(boton);
```

Sin embargo, si incrustamos un botón en una ventana, es porque queremos que realice una acción, es decir, que cuando lo pulsemos suceda un **evento.**

3.2 Los eventos en Swing.

Bueno, mi querido lector, entramos en la parte más difícil, la gestión de los eventos en Swing. Iremos paso a paso sin querer abarcar demasiado.

Para que se ejecute una acción cuando pulsemos un botón es necesario añadirle un sensor que detecte que el botón ha sido pulsado. El símil más parecido sería cuando un extraño quiere entrar a una casa donde está activada la alarma. Al abrir, por ejemplo, la ventana, su sensor de proximidad enviará una señal al módulo central y éste activará la sirena, el mensaje al móvil, la llamada al servicio de seguridad, etc. Nuestro sensor en el programa es la sentencia:

```
boton.addActionListener(actuador);
```

Y nuestro módulo central, siguiendo el ejemplo, que realizará todas las accciones necesarias tras pulsar el botón, es el objeto 'actuador' que hemos creado aquí:

```
Oyente actuador = new Oyente();
```

Pero este objeto es realmente una instancia de la clase Oyente que tenemos implementada casi al final del código. Hay dos cosas fundamentales que debemos observar. La primera es que se trata de una clase interna de la clase Window y está literalmente dentro de las llaves de esta clase, porque de otro modo no se podría acceder al objeto 'etiqueta'. La segunda y quizás la más complicada es que la clase Oyente no hereda de otra clase sino que implementa la **interfaz ActionListener** y esto puede dejar fuera de juego a los programadores más noveles. No hay porqué tener miedo. Al implementar una interfaz estamos obligados a <u>sobreescribir todos lo métodos que contenga</u>, de ahí la cláusula @Override, que en el caso de ActionListener es sólo uno:

```
public void actionPerformed(ActionEvent e)
```

'e' es el objeto evento, del tipo ActionEvent. De momento no haremos nada con él, pero es necesario incluirlo.

Ésta es pués la explicación del programa y funciona sin complicaciones. Si con esto el lector se arregla puede pasar al siguiente capítulo, pero me veo en la obligación de explicar como los programadores profesionales resuelven los eventos y esto implica al concepto de <u>clase interna anónima.</u>

3.3 Gestión de eventos mediante clases internas anónimas.

El inconveniente fundamental del programa anterior es que las sentencias del código para la gestión del evento están dispersadas por doquier. En un programa pequeño como el nuestro no es un problema. El problema viene cuando se construyen programas de cientos de líneas de código con multitud de ventanas con sus elementos gráficos y la gestión de los eventos de todo ello.

Se hace necesario agrupar un evento concreto en un solo bloque de código y esto se consigue con las clases internas anónimas. Se llaman internas porque están en el interior de otra clase y anónimas porque no tienen nombre ya que no lo necesitan, se acoplan in situ.

El primer paso es el anonimato. Si cogemos estas líneas del programa:

```
Oyente actuador = new Oyente();

boton.addActionListener(actuador);
```

podemos crear el objeto Oyente así:

```
boton.addActionListener(new Oyente());
```

Nuesto objeto ya es anónimo y el programa funciona igualmente. Pero Oyente tiene la única función de implementar a ActionListener. Crearemos pués un objeto anónimo de ActionListener y para incluir el contenido de la clase en el mismo bloque colocamos las llaves a continuación y escribimos el código. Es una estructura parecida al propio constructor de la clase:

```
boton.addActionListener(new ActionListener(){
        @Override
        public void actionPerformed(ActionEvent e) {
                etiqueta.setText("Se ha pulsado el botón");
```

16

```
                      }
  });
```

Entenderlo probablemente te llevará un rato pero vale la pena ya que es la forma correcta y la más práctica de programar los eventos. Date cuenta de que todo el bloque se coloca entre los paréntesis de nuestro sensor:

```
boton.addActionListener(<-- CLASE INTERNA ANÓNIMA ->);
```

Pongamos de nuevo el código. Animo al lector a que lo pruebe en el ordenador.

```
package eventoconboton3;
import java.awt.event.*;
import javax.swing.*;

public class EventoConBoton3 {
        public static void main(String[] args) {
                Window ventana = new Window();
        }
}

class Window extends JFrame{
        public Window(){
                setTitle("Activando los botones");
                setBounds(100,100,500,100);
                setDefaultCloseOperation(JFrame.EXIT_ON_CLOSE);
                boton = new JButton("Enviar");
                //======> EVENTO <======\\
                boton.addActionListener(new ActionListener(){
                        @Override
                        public void actionPerformed(ActionEvent e) {
                        etiqueta.setText("Se ha pulsado el botón");
                        }
                });
                //=======================\\
                etiqueta = new JLabel("A la espera");
                cristal = new JPanel();
                cristal.add(etiqueta);
                cristal.add(boton);
                add(cristal);
                setVisible(true);
        }
        JLabel etiqueta;
        JPanel cristal;
```

```
    JButton boton;
}
```

3.4 Ejercicios.

1. Crea un programa que al pulsar un botón dibuje una nueva ventana.
   Nota: Las ventanas quedarán superpuestas.

2. Corrige el programa anterior para que, aún quedando solapadas las
   ventanas, vayan apareciendo en escalera, de forma que se puedan cerrar
   diréctamente aquellas que nos interesen.

Capítulo 4

DISTRIBUYENDO LOS ELEMENTOS.

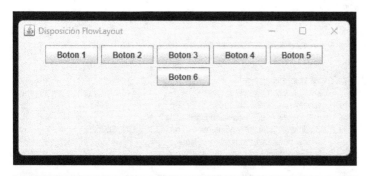

```java
package disposiciones4;

import java.awt.BorderLayout;
import java.awt.GridLayout;
import javax.swing.JButton;
import javax.swing.JFrame;
import javax.swing.JPanel;


public class Disposiciones4 {


    public static void main(String[] args) {
        JFrame window = new JFrame();
        window.setBounds(100, 100, 500, 200);
        window.setTitle("Disposición FlowLayout");
        window.setDefaultCloseOperation(JFrame.EXIT_ON_CLOSE);
        JPanel hojaFlowLayout = new JPanel();
        hojaFlowLayout.add(new JButton("Boton 1"));
        hojaFlowLayout.add(new JButton("Boton 2"));
        hojaFlowLayout.add(new JButton("Boton 3"));
        hojaFlowLayout.add(new JButton("Boton 4"));
        hojaFlowLayout.add(new JButton("Boton 5"));
        hojaFlowLayout.add(new JButton("Boton 6"));
        window.add(hojaFlowLayout);
        window.setVisible(true);

        JFrame window2 = new JFrame();
        window2.setBounds(700, 100, 500, 200);
        window2.setTitle("Disposición BorderLayout");
        window2.setDefaultCloseOperation(JFrame.EXIT_ON_CLOSE);
        JPanel hojaBorderLayout = new JPanel();
        hojaBorderLayout.setLayout(new BorderLayout());
        hojaBorderLayout.add(new JButton("Norte"),BorderLayout.NORTH);
        hojaBorderLayout.add(new JButton("Sur"),BorderLayout.SOUTH);
        hojaBorderLayout.add(new JButton("Este"),BorderLayout.EAST);
        hojaBorderLayout.add(new JButton("Oeste"),BorderLayout.WEST);
        hojaBorderLayout.add(new JButton("Centro"),BorderLayout.CENTER);
        window2.add(hojaBorderLayout);
        window2.setVisible(true);


        JFrame window3 = new JFrame();
        window3.setBounds(1300, 100, 500, 200);
        window3.setTitle("Disposición GridLayout");
        window3.setDefaultCloseOperation(JFrame.EXIT_ON_CLOSE);
        JPanel hojaGridLayout = new JPanel();
        hojaGridLayout.setLayout(new GridLayout(2,3));
        hojaGridLayout.add(new JButton("(1,1)"));
```

20

```
hojaGridLayout.add(new JButton("(1,2)"));
hojaGridLayout.add(new JButton("(1,3)"));
hojaGridLayout.add(new JButton("(2,1)"));
hojaGridLayout.add(new JButton("(2,2)"));
hojaGridLayout.add(new JButton("(2,3)"));
window3.add(hojaGridLayout);
window3.setVisible(true);
    }

}
```

3.1 Disposiciones (layouts).

Las disposiciones o layouts son las formas mediante las cuales los elementos gráficos se van colocando en hojas y marcos. Las tres maneras más básicas son las que aparecen al ejecutar nuestro programa. En todos los casos hemos creado una ventana y una hoja y hemos establecido la disposición para la hoja, mediante la instrucción:

```
hojaFlowLayout.setLayout(new FlowLayout);
```

Precisamente, esta sentencia no está en nuestro programa. El motivo es que es la 'disposición por defecto' que se emplea si no se especifica ninguna.

FlowLayout cambia la situación de los componentes según el tamaño de la ventana. Si estiramos y encogemos esta ventana horizontalmente, veremos como los botones pasan de estar todos en vertical a todos en horizontal pasando por todas las posiciones intermedias.

BorderLayout divide la superficie en cinco zonas: norte, sur, este, oeste y centro. Para colocar un elemento en una de estas zonas se debe indicar específicamente:

```
hojaBorderLayout.add(new JButton("Centro"),BorderLayout.CENTER);
```

BorderLayout.CENTER es una constante de clase que equivale a un integer tal y como ya hemos visto en otras clases. En la API disponemos de toda la información.

GridLayout coloca los elementos por filas y columnas. Lo hace de izquierda a derecha y de arriba abajo según se van añadiendo. En nuestro caso la rejilla es de dos filas por tres columnas:

```
hojaGridLayout.setLayout(new GridLayout(2,3));
```

Una hoja o una ventana solo puede tener un tipo de disposición, pero se permite cualquier combinación posible. Por ejemplo puedo configurar el marco como BorderLayout y como quiero tres botones verticales en la zona este, creo una hoja GridLayout(3,1), añado los tres botones y luego añado la hoja al marco con:

```
window.add(laminaEste, BorderLayout.EAST);
```

3.2 Ejercicios.

1. Diseña el teclado de una calculadora con las cuatro operaciones básicas. Ábrete, si quieres, la calculadora de tu sistema operativo para tener una referencia. No se busca un aspecto profesional, sólo que aprendas a diseñar y montar los elementos gráficos

2. Dale funcionalidad a tu calculadora. Puedes usar como pantalla una etiqueta o un botón. No se precisa un funcionamiento ni un aspecto impecable sino que aprendas a trabajar con eventos.

Capítulo 5

MÁS BOTONES.

```
package masbotones5;

import java.awt.BorderLayout;
import java.awt.event.*;
import javax.swing.*;
public class MasBotones5 {
        public static void main(String[] args) {
                Window ventana = new Window();
                ventana.setVisible(true);
        }
}
class Window extends JFrame{
        public Window(){
                setTitle("JCheckBox y JRadioButton");
                setBounds(100,100,500,150);
                setDefaultCloseOperation(JFrame.EXIT_ON_CLOSE);
                //Paneles
                hoja = new JPanel();
                hoja.setLayout(new BorderLayout());
                hojaNorte = new JPanel();
                hojaSur = new JPanel();
                hojaCentro = new JPanel();
                //Etiquetas
                seleccion = new JLabel("Edad 18 a 65.  Hobbies: ");
                etMusica = new JLabel();
```

```java
etCine = new JLabel();
etDeportes = new JLabel();
//Grupo botones radio
grupo = new ButtonGroup();
//Botones radio
edad1 = new JRadioButton("menos de 18",false);
edad1.addActionListener(new ActionListener(){
    @Override
    public void actionPerformed(ActionEvent e) {
            seleccion.setText("Edad: menos de 18.  Hobbies: ");
    }
});
edad2 = new JRadioButton("18 a 65",true);
edad2.addActionListener(new ActionListener(){
        @Override
        public void actionPerformed(ActionEvent e) {
                seleccion.setText("Edad: 18 a 65.  Hobbies: ");
        }
});
edad3 = new JRadioButton("más de 65",false);
edad3.addActionListener(new ActionListener(){
        @Override
        public void actionPerformed(ActionEvent e) {
                seleccion.setText("Edad: más de 65.  Hobbies: ");
        }
});
grupo.add(edad1);
grupo.add(edad2);
grupo.add(edad3);
hojaNorte.add(edad1);
hojaNorte.add(edad2);
hojaNorte.add(edad3);
//Botones check
cine = new JCheckBox("Cine");
cine.addActionListener(new ActionListener(){
        @Override
        public void actionPerformed(ActionEvent e) {
                if (cine.isSelected()) etCine.setText("cine, ");
                else etCine.setText("");
        }
});
musica = new JCheckBox("Música");
musica.addActionListener(new ActionListener(){
        @Override
        public void actionPerformed(ActionEvent e) {
                if (musica.isSelected()) etMusica.setText("musica, ");
                else etMusica.setText("");
        }
});
```

```java
                    deportes = new JCheckBox("Deportes");
                    deportes.addActionListener(new ActionListener(){
                            @Override
                            public void actionPerformed(ActionEvent e) {
                                    if (deportes.isSelected()) etDeportes.setText("deportes,");
                                    else etDeportes.setText("");
                            }
            });
            hojaSur.add(cine);
            hojaSur.add(musica);
            hojaSur.add(deportes);

            hojaCentro.add(seleccion);
            hojaCentro.add(etCine);
            hojaCentro.add(etMusica);
            hojaCentro.add(etDeportes);

            hoja.add(hojaNorte,BorderLayout.NORTH);
            hoja.add(hojaSur,BorderLayout.SOUTH);
            hoja.add(hojaCentro,BorderLayout.CENTER);
            add(hoja);
        }
    private JPanel hoja, hojaNorte, hojaSur, hojaCentro ;
    private ButtonGroup grupo;
    private JRadioButton edad1, edad2, edad3;
    private JCheckBox cine, musica, deportes;
    private JLabel seleccion, etMusica, etCine, etDeportes;
}
```

5.1 Clase JRadioButton.

Los botones radiales se usan generalmente cuando queremos elegir una única opción entre todas las posibles, de manera que al seleccionar una nueva opción se deselecciona la que había.

Pero esta funcionalidad no viene por defecto y algunos programadores se llevarán una buena sorpresa cuando traten de incluir estos botones por primera vez. Necesitamos usar la clase ButtonGroup, que según dice la API, otorga un ámbito de exclusión múltiple a un conjunto de botones. Nosotros hemos usado estas sentencias:

```
private ButtonGroup grupo;

grupo = new ButtonGroup();

grupo.add(edad1);

grupo.add(edad2);

grupo.add(edad3);
```

El segundo detalle a tener en cuenta, es que **no** se añade el objeto ButtonGroup a la hoja, sino que se han de añadir de forma independiente cada uno de los botones:

```
hojaNorte.add(edad1);

hojaNorte.add(edad2);

hojaNorte.add(edad3);
```

Y ya con esto tendríamos la funcionalidad deseada. Para crear los botones hemos elegido el constructor que permite un nombre(String) y la selección del objeto por defecto(boolean) que en nuestro caso ha sido la franja central de edades:

```
edad2 = new JRadioButton("18 a 65",true);
```

Y para los eventos nos hemos decantado por las clases internas anónimas ya vistas en el capítulo 3, con las cuales se reduce considerablemente el código y se mejora su inteligibilidad.

```
edad1.addActionListener(new ActionListener(){
        @Override
        public void actionPerformed(ActionEvent e) {
                seleccion.setText("Edad: menos de 18.  Hobbies: ");
        }
});
```

5.2 La clase JCheckButton.

Es la mejor opción cuando se pueden elegir varias opciones a la vez. No requiere de ninguna funcionalidad especial y se trabaja de la misma manera que si se tratase de un objeto JButton aunque con una diferencia fundamental. Necesitamos saber si el objeto JCheckButton ha sido seleccionado o no y para ello se emplea el método isSelected():

```
if (deportes.isSelected()) etDeportes.setText("deportes, ");
```

que devolverá un valor true o false según el caso.

Para crear los objetos se ha utilizado el constructor con nombre de tipo String:

```
deportes = new JCheckBox("Deportes");
```

Y la gestión de eventos es la misma que la del apartado anterior:

```
deportes.addActionListener(new ActionListener(){
        @Override
        public void actionPerformed(ActionEvent e) {
                if(deportes.isSelected())etDeportes.setText("deportes, ");
                else etDeportes.setText("");
        }
});
```

5.3 Funcionamiento del programa.

Este programa se ve extenso, sin embargo, la práctica totalidad de las líneas de código se han utilizado para crear la interfaz y sólo unas cuantas son las que hemos empleado para dotarlo de funcionalidad.

El marco consta de una hoja principal, *'hoja'*, con disposición BorderLayout, a la que se le añaden otras tres, todas con disposición FlowLayout: *'hojaNorte'* que contiene los botones radiales, *'hojaSur'* que contiene los botones ckeck y *'hojaCentro'* que tiene las etiquetas.

Los eventos de los botones radiales envían el texto a su única etiqueta, que se llama *'seleccion'*. Según la opción escogida así será el texto. Sin embargo el funcionamiento de los botones check es un poco más 'oscuro', realmente hay una etiqueta para cada botón, tres en total y estas etiquetas se crean con el constructor por defecto, es decir, sin texto y por lo tanto **no se ven** en un principio, pero están la una a continuación de la otra en la hojaCentro con disposición FlowLayout y todas ellas están a continuación de la etiqueta *'selección'* de los botones radiales. Según se marque o se desmarque un botón check, su evento correspondiente hará que se envíe o se elimine el texto de su etiqueta.

Podemos observar también que los objetos se definen fuera del constructor de la clase Window y se crean dentro. El motivo es poder utilizar estos objetos haciéndolos visibles desde fuera del constructor, aunque en nuestro caso particular no haya sido necesario.

5.4 Ejercicios.

1. Modifica el programa del capítulo añadiendo un cuarto JCheckButton con el nombre *'Adultos'*. Haz que esta casilla aparezca inactiva si el campo de edad que se marque sea *'menos de 18'*. Ayúdate de la API empleando el método setEnabled(boolean) de Javax.swing.JComponent.

Capítulo 6

CAMPO DE TEXTO Y CAJA COMBINADA.

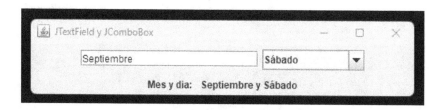

```
package campoycaja6;

import java.awt.BorderLayout;
import java.awt.event.*;
import javax.swing.*;

public class CampoyCaja6 {
        public static void main(String[] args) {
                Window ventana = new Window();
                ventana.setVisible(true);
        }
}

class Window extends JFrame{
        public Window(){
                setTitle("JTextField y JComboBox");
                setBounds(100,100,500,100);
                setDefaultCloseOperation(JFrame.EXIT_ON_CLOSE);

                cristal = new JPanel();
                cristal.setLayout(new BorderLayout());
                hojaNorte = new JPanel();
                hojaCentro = new JPanel();
                fecha = new JLabel("Mes y dia:  ");
```

```java
        salida = new JLabel();
        mes = new JTextField("¿mes?",20);
        //JComboBox
        dia = new JComboBox();
        dia.setEditable(true);
        dia.addItem("Lunes");
        dia.addItem("Martes");
        dia.addItem("Miércoles");
        dia.addItem("Jueves");
        dia.addItem("Viernes");
         dia.addActionListener(new ActionListener(){
                @Override
                public void actionPerformed(ActionEvent e){
                        salida.setText(mes.getText() +" y "+ (String)dia.getSelectedItem());
                }
        });

        hojaNorte.add(mes);
        hojaNorte.add(dia);
        hojaCentro.add(fecha);
        hojaCentro.add(salida);
        cristal.add(hojaNorte,BorderLayout.NORTH);
        cristal.add(hojaCentro,BorderLayout.CENTER);
        add(cristal);

    }
    private JTextField mes;
    private JComboBox dia;
    private JLabel fecha, salida;
    private JPanel cristal,hojaNorte,hojaCentro;
}
```

6.1 La clase JTextField.

El campo de texto es perfecto para la introducción de datos por parte del usuario. Su manejo es similar a un JLabel. Se ha utilizado el constructor que acepta un String y una longitud:

mes = new JTextField("¿mes?",20);

Aunque acepta la clase ActionListener, no hemos añadido ningún oyente porque se emplea el del otro elemento como veremos más adelante. Para obtener el texto que ha introducido el usuario hemos usado el método:

mes.getText();

6.2 La clase JComboBox.

La caja combinada permite seleccionar un item entre los que existen. Sin embargo añadiendo la sentencia:

dia.setEditable(true);

el usuario puede escribir la selección que desee, tenga sentido o no. En nuestro caso será la forma de introducir el sábado y el domingo ya que no aparecen como opciones. Lo hemos creado con el constructor básico:

dia = new JComboBox();

y las opciones se establecen mediante la sentencia:

dia.addItem("Miércoles");

La gestión de eventos no cambia con respecto a los anteriores programas:

```
dia.addActionListener(new ActionListener(){
            @Override
            public void actionPerformed(ActionEvent e){
                    salida.setText(mes.getText() +" y "+ (String)dia.getSelectedItem());
            }
});
```

Dentro del método *'actionPerformed()'* puede verse como se envía a la etiqueta *'salida'* la concatenación del texto del JTextField y de la opción del JComboBox que usa la sentencia:

(String)dia.getSelectedItem()

Sin embargo este procedimiento devuelve un objeto genérico, así que es necesario convertirlo mediante el casting *'(String)'* para obtener el tipo correcto.

La interfaz está formada por el JPanel *'cristal'* con disposición BorderLayout, a la que se acoplan las hojas *'hojaNorte'* y *'hojaCentro'* ambas con FlowLayout por defecto con sus respectivos elementos gráficos.

6.3 Ejercicios.

1. Modifica el ejercicio del capítulo, añadiendo dos JTextField nuevos, para conseguir que se muestre el siguiente formato de fecha:
   Lunes, 27 de febrero del 2023

   al seleccionar el día en el JComboBox.

Capítulo 7

CONTROLES.

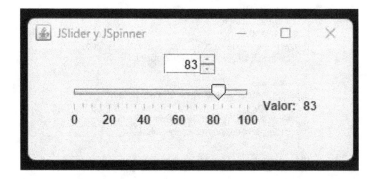

```
package controles7;

import java.awt.BorderLayout;
import javax.swing.*;
import javax.swing.event.*;


public class Controles7 {

        public static void main(String[] args) {
```

```java
//Marco
JFrame ventana = new JFrame("JSlider y JSpinner");
ventana.setBounds(100, 100, 350, 150);
ventana.setDefaultCloseOperation(JFrame.EXIT_ON_CLOSE);

//Láminas
JPanel cristal = new JPanel();
cristal.setLayout(new BorderLayout());
JPanel hojaN = new JPanel();
JPanel hojaC = new JPanel();

//Controles
JLabel valor = new JLabel("Valor: ");
JLabel valorCursor = new JLabel();
JSlider cursor = new JSlider();
cursor.setMajorTickSpacing(20);
cursor.setMinorTickSpacing(5);
cursor.setPaintTicks(true);
cursor.setPaintLabels(true);
SpinnerNumberModel ceroCien = new SpinnerNumberModel(50,0,100,-1);
JSpinner giroBoton = new JSpinner(ceroCien);

//Eventos
giroBoton.addChangeListener(new ChangeListener(){
  @Override
  public void stateChanged(ChangeEvent e) {
    cursor.setValue((int)giroBoton.getValue());
  }
});
cursor.addChangeListener(new ChangeListener(){
  @Override
  public void stateChanged(ChangeEvent e) {
    valorCursor.setText(String.valueOf(cursor.getValue()));
    giroBoton.setValue(cursor.getValue());
  }
});

//Montaje
hojaN.add(giroBoton);
hojaC.add(cursor);
hojaC.add(valor);
hojaC.add(valorCursor);
cristal.add(hojaN,BorderLayout.NORTH);
cristal.add(hojaC, BorderLayout.CENTER);
ventana.add(cristal);
ventana.setVisible(true);
    }
  }
```

7.1 La clase JSlider.

Se trata de un control deslizante, que según en la posición donde se encuentre generará un valor u otro imitando a la perfección a los controles deslizantes del mundo físico que tienen multitud de aparatos electrónicos. El constructor por defecto crea un elemento simple de 0 a 100. Si queremos ver una escala con divisiones, subdivisiones y números, se ha de especificar explícitamente:

```
cursor.setMajorTickSpacing(20);
cursor.setMinorTickSpacing(5);
cursor.setPaintTicks(true);
cursor.setPaintLabels(true);
```

La gestión de eventos se realiza a través de la interfaz *'ChangeListener'*:

```
cursor.addChangeListener(new ChangeListener(){
    @Override
    public void stateChanged(ChangeEvent e) {
        valorCursor.setText(String.valueOf(cursor.getValue()));
        giroBoton.setValue(cursor.getValue());
    }
});
```

Cuando *'cursor'* se mueve, se dispara su oyente y, por un lado, envía su nuevo valor a la etiqueta *'valorCursor'* y por otro, actualiza su valor en el elemento que veremos en el siguiente apartado *'giroBoton'* de la clase JSpinner. El método getValue() de JSlider devuelve un entero y ello nos obliga a emplear el método *'String.valueOf()'* para convertirlo a String.

7.2 La clase JSpinner

Imita a los botones rotativos mecánicos, como los que existen en los candados y cierres de maletas por combinación. A diferencia del mundo real, aquí el giro se produce haciendo click en la flecha superior o en la inferior que cambia el valor del campo de texto de que dispone.

Nuestra aplicación tiene ciertos detalles que deben ser contemplados. El principal es que no se pueden enviar al deslizante valores negativos porqué se produciría una excepción y esto nos obliga a limitar al JSpinner la franja de valores. Y el secundario es que por defecto, las flechas funcionan al revés lo que confundiría a los usuarios de nuestro programa. Todo ello se soluciona eligiendo el constructor que permite introducir un *'SpinnerModel'*, en vez del constructor por defecto. Rebuscando en la API veremos que *'SpinnerModel'* es una interfaz que es implementada por varias clases. Nostros usaremos la que nos interesa, es decir, SpinnerNumberModel, de la cual, usaremos el constructor:

```
SpinnerNumberModel(int value, int minimum, int maximum, int stepSize)
```

que en nuestro programa emplea:

```
SpinnerNumberModel ceroCien = new SpinnerNumberModel(50,0,100,-1);
JSpinner giroBoton = new JSpinner(ceroCien);
```

El tamaño de paso (stepSize) de valor (-1) invierte el funcionamiento de las flechas de ajuste y ahora ya avanza de la forma correcta.

La gestión de eventos es idéntica a la del apartado anterior. Cuando se modifica el valor se dispara el evento y se ejecuta la sentencia:

```
cursor.setValue((int)giroBoton.getValue());
```

que cambia el valor del cursor al dado por el JSpinner. Démonos cuenta que el método getValue() devuelve un objeto genérico, que nosotros debemos convertir a entero con el cast *'(int)'*.

Con todo ello, tres son las maneras de desplazar nuestro control deslizante: diréctamente con el ratón, con las flechas del JSpinner o escribiendo el valor en el campo del JSpinner y pulsando Intro del teclado.

7.3 Ejercicios.

1. Diseñar una cerradura de combinación de cuatro cifras con cuatro JSpinner de rango 0 a 9. Si se pone la clave correcta en un JLabel deberá aparecer la palabra DESBLOQUEADA, en caso contrario deberá aparecer CERRADA.

Capítulo 8

CUADROS DE DIÁLOGO.

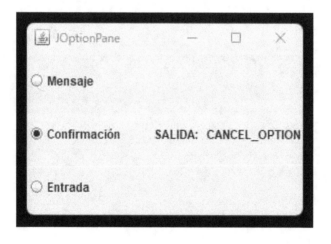

```java
package cuadrosdialogo8;

import java.awt.*;
import java.awt.event.*;
import javax.swing.*;

public class CuadrosDialogo8 {

    public static void main(String[] args) {
        //Ventana
        JFrame ventana = new JFrame("JOptionPane");
        ventana.setBounds(100, 100, 300, 200);
        ventana.setDefaultCloseOperation(JFrame.EXIT_ON_CLOSE);
        //Láminas
        JPanel cristal = new JPanel();
        cristal.setLayout(new BorderLayout());
        JPanel hojaO = new JPanel();
        hojaO.setLayout(new GridLayout(3,1));
        JPanel hojaC = new JPanel();
        hojaC.setLayout(new BorderLayout());
        //Elementos
        ButtonGroup grupo = new ButtonGroup();
        JRadioButton mensaje = new JRadioButton("Mensaje");
        JRadioButton confirmacion = new JRadioButton("Confirmación");
        JRadioButton entrada = new JRadioButton("Entrada");
        JLabel SALIDA = new JLabel("       SALIDA: ");
        JLabel salida = new JLabel();
        salida.setHorizontalAlignment(SwingConstants.CENTER);
        //Eventos
        mensaje.addActionListener(new ActionListener(){
          @Override
          public void actionPerformed(ActionEvent e) {
            JOptionPane.showMessageDialog(ventana,
              "Mostrando Cuadro de Información.",
              "showMessageDialog",
              JOptionPane.INFORMATION_MESSAGE);
            salida.setText("OK_OPTION");
          }
        });
        confirmacion.addActionListener(new ActionListener(){
          @Override
          public void actionPerformed(ActionEvent e) {
            int constante = JOptionPane.showConfirmDialog(ventana,
              "Seleccione la acción",
              "showConfirmDialog",
              JOptionPane.YES_NO_CANCEL_OPTION);
            switch (constante){
              case 0: salida.setText("YES_OPTION"); break;
              case 1: salida.setText("NO_OPTION"); break;
```

```java
            case 2: salida.setText("CANCEL_OPTION");break;
            default: salida.setText("SIN RECONOCER");
        }
    }
});
entrada.addActionListener(new ActionListener(){
    @Override
    public void actionPerformed(ActionEvent e) {
        salida.setText(JOptionPane.showInputDialog(ventana,
            "Introduzca nombre de usuario",
            "showInputDialog",
            JOptionPane.PLAIN_MESSAGE));
    }
});
//Montaje
grupo.add(mensaje);
grupo.add(confirmacion);
grupo.add(entrada);
hojaO.add(mensaje);
hojaO.add(confirmacion);
hojaO.add(entrada);
hojaC.add(SALIDA,BorderLayout.WEST);
hojaC.add(salida,BorderLayout.CENTER);
cristal.add(hojaC,BorderLayout.CENTER);
cristal.add(hojaO,BorderLayout.WEST);
ventana.add(cristal);
ventana.setVisible(true);
    }

}
```

8.1 La clase JOptionPane.

JOptionPane es una clase muy extensa con muchas constantes y opciones de configuración de sus componentes, lo que la convierte en una clase compleja, al menos al principio, cuando el programador necesita procesar tal volumen de información. Sin embargo, la propia clase proporciona unos 'atajos', con los cuales pueden funcionar la mayoría de las aplicaciones. Estos 'atajos' son 4 métodos estáticos, tres específicos y uno más general que enmarcan las acciones normales que se suelen usar mediante cuadros de diálogo en las aplicaciones.

8.1.1 Ventana de información.

Tiene varios constructores. Nosotros hemos empleado éste:

showMessageDialog(Component parentComponent, Object message, String title, int messageType)

No olvidemos que son métodos estáticos y por tanto deben llevar delante el nombre de la clase y el operador punto (.) El primer parámetro es el componente padre, es decir el marco o frame, que en nuestro caso es 'ventana'. El segundo parámetro es el mensaje propiamente dicho y aunque marca un objeto genérico se puede poner como tal, un String con el mensaje que queramos dar al usuario. El tercer parámetro es el título de la ventana y el cuarto, el tipo de mensaje, para el cual, podemos ver de las constantes dentro de SwingConstants en la API, cual nos interesa. Nosotros hemos elegido INFORMATION_MESSAGE.

```
JOptionPane.showMessageDialog(ventana,
          "Mostrando Cuadro de Información.",
          "showMessageDialog",
          JOptionPane.INFORMATION_MESSAGE);
```

8.1.2 Ventana de confirmación.

Este cuadro de diálogo se emplea para pedir confirmación sobre determinada acción al usuario, que será quien decidirá si se ejecuta o no. Suele constar de un mensaje tipo pregunta y botones para permitir, denegar o cancelar la acción. El constructor elegido es similar al anterior:

showConfirmDialog(Component parentComponent, Object message, String title, int optionType)

Aunque cambia el último parámetro, que decide los botones que se usarán. En nuestro caso se ha empleado YES_NO_CANCEL_OPTION.

```
JOptionPane.showConfirmDialog(ventana,
    "Seleccione la acción",
    "showConfirmDialog",
    JOptionPane.YES_NO_CANCEL_OPTION);
```

8.1.3 Ventana de entrada.

Es la opción empleada cuando se piden datos al usuario. El constructor es exáctamente el mismo que en el apartado 8.1.1, excepto por el nombre del método:

```
JOptionPane.showInputDialog(ventana,
    "Introduzca nombre de usuario",
    "showInputDialog",
    JOptionPane.PLAIN_MESSAGE);
```

8.1.4 Ventana general de opciones.

Engloba todas las posibilidades anteriores con lo cual podemos construir una ventana 'a medida'. La forma del constructor es:

```
JOptionPane.showOptionDialog(parámetros)
```

43

8.2 Funcionamiento.

En principio la interfaz de la ventana principal no tiene nada nuevo. Son botones radiales, ya vistos en el capítulo 5, en una disposición GridLayout de una columna para que queden verticales y dos etiquetas para mostrar el retorno de los cuadros de diálogo. Cada botón mostrará un cuadro de diálogo distinto al dispararse el evento correspondiente, en cuyo seno se ha implementado, a la vez que enviará a la etiqueta 'salida' lo que el cuadro de diálogo devuelva, si es que retorna algo.

La construcción más peculiar es el evento del cuadro de diálogo activado por el botón confirmar, que muestra un 'showConfirmDialog'.

```
public void actionPerformed(ActionEvent e) {
    int constante = JOptionPane.showConfirmDialog(ventana,
        "Seleccione la acción",
        "showConfirmDialog",
        JOptionPane.YES_NO_CANCEL_OPTION);
    switch (constante){
        case 0: salida.setText("YES_OPTION"); break;
        case 1: salida.setText("NO_OPTION"); break;
        case 2: salida.setText("CANCEL_OPTION");break;
        default: salida.setText("SIN RECONOCER");
    }
}
});
```

Esta ventana devuelve realmente un entero, que corresponde a la constante del botón pulsado y que se ha almacenado en la variable 'constante'. Como esta variable ya contiene la decisión del usuario, el programador puede continuar generando el código del programa en cuestión. En nuestro caso hemos vuelto a convertir el integer de salida en la constante que representa y la hemos enviado a la etiqueta 'salida' mediante la construcción switch de Java, porque se buscaba algo más didáctico.

8.3 Ejercicios.

1. Utilizando el código fuente de este capítulo, reprograma los eventos para que todos los cuadros de diálogo sean los mismos que aparecen en las ilustraciones, pero que se creen a partir del constructor del método general **showOptionDialog**. En la API, en la sección **JOptionPane** tienes toda la información que necesitas.

Capítulo 9

MENÚS.

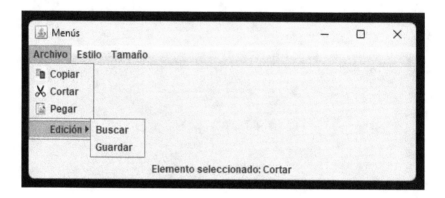

```java
package com.juanra.menus;

import java.awt.*;
import java.awt.event.ActionEvent;
import java.awt.event.ActionListener;
import javax.swing.*;


public class Menus {

        public static void main(String[] args) {
                //Ventana
                JFrame ventana = new JFrame("Menús");
                ventana.setBounds(100,100,500,200);
                ventana.setDefaultCloseOperation(JFrame.EXIT_ON_CLOSE);
                //Láminas
                JPanel cristal = new JPanel();
                cristal.setLayout(new BorderLayout());
```

```java
JPanel cristalS = new JPanel();
//Elementos
JLabel eleccion = new JLabel();
JMenuBar barra = new JMenuBar();
JMenu archivo = new JMenu("Archivo");
JMenu estilo = new JMenu("Estilo");
JMenu tamanyo = new JMenu("Tamaño");
JMenuItem copiar = new JMenuItem("Copiar",new ImageIcon("copiar.jpg"));
JMenuItem cortar = new JMenuItem("Cortar",new ImageIcon("cortar.jpg"));
JMenuItem pegar = new JMenuItem("Pegar",new ImageIcon("pegar.jpg"));
JMenu edicion = new JMenu("Edición");
JMenuItem buscar = new JMenuItem("Buscar");
JMenuItem guardar = new JMenuItem("Guardar");
ButtonGroup grupo = new ButtonGroup();
JCheckBoxMenuItem negrita = new JCheckBoxMenuItem("Negrita");
JCheckBoxMenuItem cursiva = new JCheckBoxMenuItem("Cursiva");
JRadioButtonMenuItem pequenyo = new JRadioButtonMenuItem("12");
JRadioButtonMenuItem mediano = new JRadioButtonMenuItem("16",true);
JRadioButtonMenuItem grande = new JRadioButtonMenuItem("18");
JRadioButtonMenuItem enorme = new JRadioButtonMenuItem("20");
//Eventos
copiar.addActionListener(new ActionListener(){
    @Override
    public void actionPerformed(ActionEvent e) {
            eleccion.setText("Elemento seleccionado: Copiar");
    }
});
cortar.addActionListener(new ActionListener(){
    @Override
    public void actionPerformed(ActionEvent e) {
            eleccion.setText("Elemento seleccionado: Cortar");
    }
});
//Montaje
edicion.add(buscar);
edicion.add(guardar);
archivo.add(copiar);
archivo.add(cortar);
archivo.add(pegar);
archivo.addSeparator();
archivo.add(edicion);
estilo.add(negrita);
estilo.add(cursiva);
grupo.add(pequenyo);
grupo.add(mediano);
grupo.add(grande);
grupo.add(enorme);
tamanyo.add(pequenyo);
tamanyo.add(mediano);
```

```
tamanyo.add(grande);
tamanyo.add(enorme);
barra.add(archivo);
barra.add(estilo);
barra.add(tamanyo);
cristalS.add(eleccion);
cristal.add(barra,BorderLayout.NORTH);
cristal.add(cristalS,BorderLayout.SOUTH);
ventana.add(cristal);
ventana.setVisible(true);

    }
}
```

9.1 JMenuBar, JMenu, JMenuItem.

Los menús debe anclarse a una barra de menús. Estas barras son objetos de JMenuBar. Nosotros hemos creado sólo una:

```
JMenuBar barra = new JMenuBar();
```

y sobre ella hemos añadido los tres menús usando la clase JMenu

```
JMenu tamanyo = new JMenu("Tamaño");
```

El siguiente paso es añadir los items y eso se hace usando ... ¡has acertado mi querido lector! la clase JMenuItem. Hemos usado dos constructores, aunque hay más.

```
JMenuItem guardar = new JMenuItem("Guardar");
JMenuItem copiar = new JMenuItem("Copiar",new ImageIcon("copiar.jpg"));
```

La diferencia es el icono de la segunda sentencia. Para que el compilador encuentre el archivo, debe tenerse en cuenta que la raíz de la ruta es la carpeta principal del proyecto. Si lo dejas en esa carpeta, sólo hay que poner el nombre del archivo.

En el despliegue de cualquier menú, es posible crear un submenú, añadiendo un JMenu como si fuera un nuevo item. En este caso quedará más vistoso si insertamos un separador, como en nuestro submenú '*edición*'.

```
archivo.addSeparator();
archivo.add(edicion);
```

9.2 JCheckBoxMenuItem y JRadioButtonMenuItem.

Estas dos clases son las equivalentes a las vistas en el Capítulo 5 pero para menús, como indica su nombre. Se trabaja exáctamente igual que con sus hermanas mayores y esto significa que los items radio requieren ser incrustados en un objeto ButtonGroup y además añadidos individualmente al menú correspondiente que en nuestro caso es el tamaño de la fuente. En cambio, los botones check pueden estar ambos seleccionados ya que un texto puede estar en cursiva y en negrita a la vez.

9.3 Ejercicios.

1. Cubre los eventos de todos los botones a excepción de los dos que ya están implementados.

Capítulo 10

MENÚS EMERGENTES.

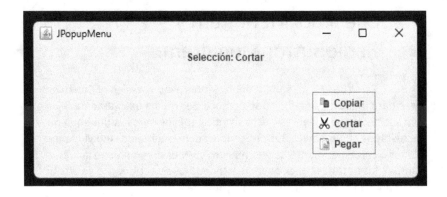

```
package com.juanra.menuemergente10;

import java.awt.event.*;
import javax.swing.*;


public class MenuEmergente10 {

        public static void main(String[] args) {
                //<=========== Marco ===============>\\
                JFrame ventana = new JFrame("JPopupMenu");
                ventana.setBounds(100, 100, 500, 200);
                ventana.setDefaultCloseOperation(JFrame.EXIT_ON_CLOSE);
                JPanel cristal = new JPanel();
                //====================> Elementos <=====================\\
                JPopupMenu menu = new JPopupMenu();
                JMenuItem copiar = new JMenuItem("Copiar",new ImageIcon("copiar.jpg"));
                JMenuItem cortar = new JMenuItem("Cortar", new ImageIcon("cortar.jpg"));
```

```java
JMenuItem pegar = new JMenuItem("Pegar", new ImageIcon("pegar.jpg"));
JLabel etiqueta = new JLabel("Selección: ");
//<========== Eventos ================>\\
copiar.addActionListener(new ActionListener(){
    @Override
    public void actionPerformed(ActionEvent e) {
        etiqueta.setText("Selección: Copiar");
    }
});
cortar.addActionListener(new ActionListener(){
    @Override
    public void actionPerformed(ActionEvent e) {
        etiqueta.setText("Selección: Cortar");
    }
});
pegar.addActionListener(new ActionListener(){
    @Override
    public void actionPerformed(ActionEvent e) {
        etiqueta.setText("Selección: Pegar");
    }
});
//==> Montaje <==\\
menu.add(copiar);
menu.addSeparator();
menu.add(cortar);
menu.addSeparator();
menu.add(pegar);
cristal.setComponentPopupMenu(menu);
cristal.add(etiqueta);
ventana.add(cristal);
ventana.setVisible(true);

    }
}
```

10.1 La clase JPopupMenu.

No podíamos terminar este manual sin hablar de los menús emergentes también conocidos como menús secundarios o popups, pués aparecen en la mayoría de aplicaciones al pulsar el botón derecho del ratón.

En esencia no hay gran diferencia con respecto al capítulo anterior. La construcción es similar, aunque aquí no existe una barra de menús (JMenuBar) ya que se busca un elemento dinámico no ligado a ninguna zona fija del frame, que le dé ese aire ligero a la vez que práctico, y visualmente se consigue, pero técnicamente es necesario enlazarlo a un componente, fuera del cual no funcionará. Los items también son los mismos, disponemos de JMenuItem, addSeparator() y JMenu. La excepción es que el Popup no se ancla a un componente, sinó que se enlaza a ese componente. Hemos empleado para ello el siguiente método de javax.swing.JComponent:

cristal.setComponentPopupMenu(menu);

La instrucción cristal.add(menu) no funciona con este tipo de objetos.

10.2 Ejercicios.

1. Añade a nuestro popup del capítulo un submenú 'Archivo' con las opciones 'Guardar' y 'Buscar'. Programa los eventos correspondientes para que también aparezcan en la 'etiqueta'.